RUNAS
100 preguntas
y respuestas

RUNAS
100 preguntas y respuestas

Antología

Grupo Editorial Tomo, S. A. de C. V.
Nicolás San Juan 1043
03100 México, D. F.

1a. edición, marzo 1998.
2a. edición, diciembre 1999.

© Runas 100 Preguntas y Respuestas
   Grupo Nueva Era

© 1999, Grupo Editorial Tomo, S. A. de C. V.
   Nicolás San Juan 1043, Col. Del Valle
   03100 México, D. F.
   Tels. 5575-6615, 5575-8701 y 5575-0186
   Fax. 5575-6695
   http://www.grupotomo.com.mx
   ISBN: 970-666-149-2
   Miembro de la Cámara Nacional
   de la Industria Editorial No. 2961

Diseño de Portada: Emigdio Guevara
Diseño Tipográfico: Rafael Rutiaga
Supervisor de Producción: Leonardo Figueroa

Derechos reservados conforme a la ley.
Las características tipográficas y de edición de esta obra
son propiedad del editor. Se prohíbe su reproducción
parcial o total sin autorización por escrito de la editorial.

Impreso en México - Printed in Mexico

INTRODUCCIÓN

Desde tiempos remotos surgieron rituales mágicos, celebrados por personas como son los magos, hechiceros o chamanes que tenían de alguna manera ciertos poderes especiales. De acuerdo a sus necesidades, utilizaban dichos poderes para predecir el futuro, conocer los tiempos de cosechas, tener estrategias para vencer al enemigo o simplemente efectuar ritos religiosos para comunicarse con sus dioses y solicitarles algún consejo o ayuda.

Dentro de estos rituales, está el de la magia druídica, que tuvo gran auge entre los pueblos celtas. La aportación más importante de los druidas al saber oculto, fue el misterioso alfabeto llamado **Runas.**

El momento histórico en la creación de las runas es paralelo al mito teutónico de la creación de la vida.

Antiguas leyendas cuentan el origen de las runas y la mayoría coincide en considerarlas como regalos mágicos hechos por los dioses a la Humanidad.

Cuando se habla de las runas se piensa en otras artes adivinatorias como el Tarot y el I Ching. Pero, ¿hay resultados similares en las runas como en cualquier otro método de adivinación? ¿Funcionan las runas en la actualidad? ¿Se puede conocer el futuro por medio de ellas?

Estas y otras interrogantes son contestadas en esta pequeña pero profunda obra que aborda con seriedad uno de los oráculos más antiguos de que tiene conocimiento el hombre: **Las Runas.**

1. ¿Qué son las runas?

Las runas son letras de un alfabeto sagrado que los pueblos utilizaban hace más de dos mil años. La escritura rúnica es la más antigua usada para las lenguas germánicas. Se cree que deriva, con el añadido de otros signos, de uno de los alfabetos etruscos del norte de Italia. Al igual que otros alfabetos, las runas hablan de la creación del ser humano. No se sabe con exactitud el momento en que los antiguos pueblos nórdicos empezaron a utilizarlas, pero en su origen, revistieron significados y valores mágicos.

2. ¿Qué significa la palabra runa?

La palabra runa tiene dos orígenes distintos. El primero deriva de la raíz lingüística indoeuropea *reu*, con el significado de "rugir", o bien "refunfuñar". El otro, en cambio, proviene de *uere*, raíz en la que se sobreentiende el concepto de "protección". En este sentido, sin embargo, no hay que olvidar que ambas raíces se hayan complementadas recíprocamente en el significado real de la palabra, puesto que la runa, regalo de los dioses en la religiosidad nórdica, "protege y aterra" al mismo tiempo.

3. ¿Qué representan las runas?

Cada runa representa simbólicamente una fuerza de la naturaleza y una cualidad del alma humana. Cuando se usan correctamente, las runas pueden afectar al mundo interior de los pensamientos y los sentimientos, y de la misma manera a la circunstancia objetiva exterior. Ambos efectos son uno solo bajo el punto de vista de la magia.

4. ¿Cuál es el origen de las runas?

El momento histórico en la creación de las runas es paralelo al mito teutónico de la creación de la vida. Las runas en el principio del Universo fueron dioses poderosos que luchaban contra los hielos inclementes del caos, para transformarlos en fluyentes manantiales que regaran las tierras para brindarles la fertilidad de la Primavera.

Antiguas leyendas cuentan el origen de las runas y la mayoría coincide en considerarlas como regalos mágicos hechos por los dioses a la humanidad.

5. ¿A quién se le atribuye el invento de las runas?

La mitología nórdica atribuía al dios Odín, la invención de las runas. Para ser más exactos, éste las había dado a los hombres tras su sacrificio voluntario. En el poema mitológico de *Hávamál*, se cuenta que el dios se había colgado de los pies, durante nueve noches, del Arbol del Mundo (o *Yggdrásil*). En la mitología sueca, en cambio, las runas fueron asociadas originariamente a las *Nornas*, las tres diosas en cuyas manos están los destinos del mundo. Otras leyendas concuerdan en considerarlas como regalos mágicos hechos por los dioses a la humanidad.

6. ¿Cómo se escribían las runas?

Antiguamente, las runas fueron trazadas con fuego sobre la madera, pintadas con la sangre de un animal sacrificado, grabadas en las piedras de las cuevas, en el tronco de árboles sagrados, en las armas y armaduras, en superficies de madera o de hueso, en ornamentos o amuletos; en efecto, antes de ser alfabeto de civilizaciones antiquísimas perfectamente delimitadas dentro de las fronteras geográficas de Europa, las runas eran en esencia signos gráficos adivinatorios cargados de valores esotéricos y de conocimientos mágicos y arcaicos.

7. ¿Para qué sirven las runas?

Los usos mágicos más importantes de las runas parecen estar relacionados con las batallas. Existían hechizos para despuntar las espadas del enemigo, para volver invisible a un guerrero, para agotar las ansias bélicas del contrincante y también para asegurar la supervivencia de un hombre en la guerra.

Las runas no son algo estático, su fuerza y misterio está justamente en el juego libre de la elección. Cada símbolo es una herramienta flexible capaz de aclarar y solucionar cualquier conflicto. El único requisito es conocer su significado.

Su finalidad era y es, entrar en contacto, en comunicación con otras realidades que aunque no podamos verlas, existen.

También se usaban las runas para inducir al amor y hacer que los muertos hablaran. Se han encontrado inscripciones rúnicas dentro de túmulos, que presumiblemente sólo podía leer el difunto.

8. ¿Cómo son y qué nombre tienen cada una de las runas?

UR o URUZ

KEN o KENAZ

TYR o TEIWAZ

FEOH o FEHU

LAGU o LAGUZ

EH o EHWAZ

JER o JERA

WYN o WUNJO

PEORTH o PERDH

OTHILAZ u OPEL

IS o ISA

RUNA BLANCA

THORN o THORISAZ

GYFU o GHEBO

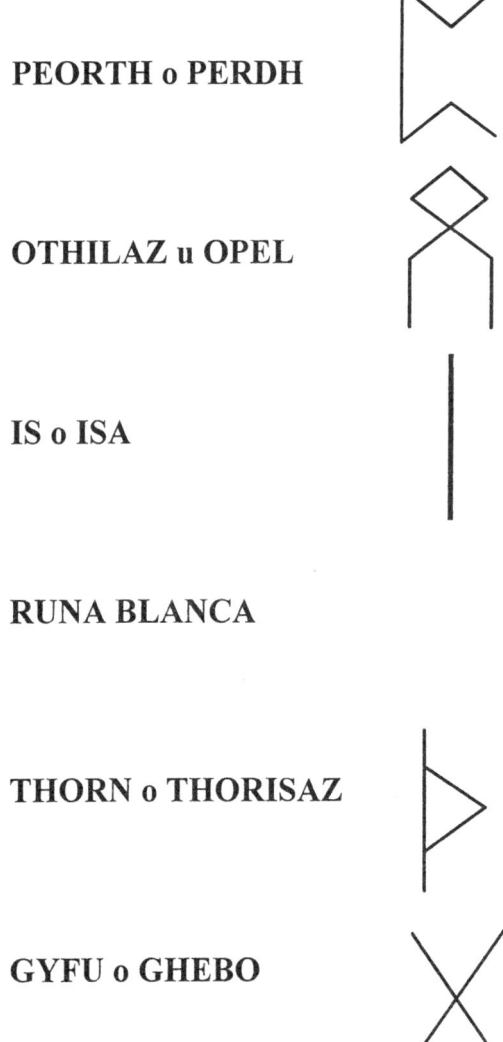

BEORC o BERKANA

SIGEL o SOWULO

HAGEL o HAGALAZ

NIG o INGUZ

AS o ANSUZ

RAD o RAIDO

NYD o NAUDIZ

ZOLH o ALGIZ

MAN o MANNAZ

EOH o EHIWAZ

DAEG o DAGAZ

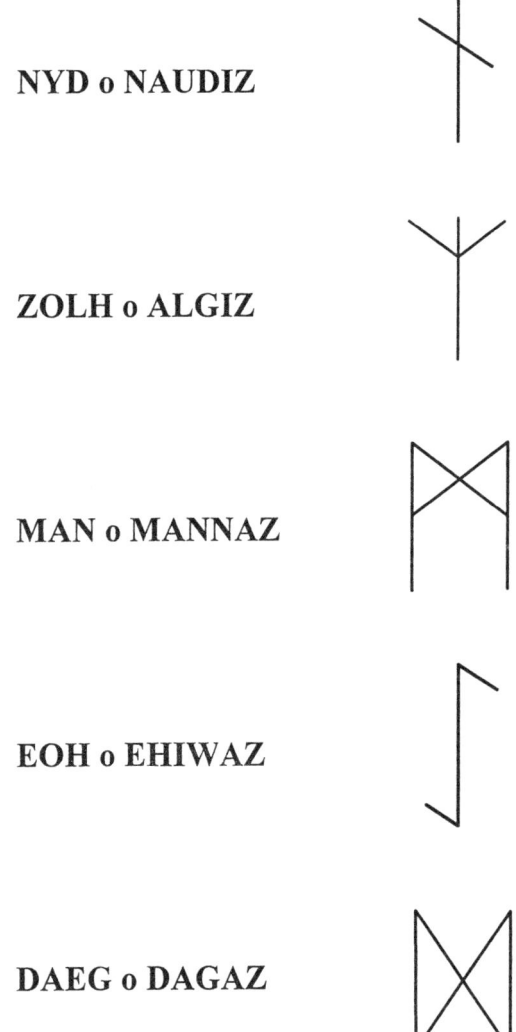

9. ¿Cómo es la runa FEOH?

Esta es la runa del comienzo de la primera familia rúnica de la estirpe de Freyr, el dios señor encargado de la fecundidad masculina y femenina. La runa Feoh designa el ganado, el dinero, la propiedad y el miembro masculino. El animal asociado a esta runa es el jabalí, el santo jabalí de los poemas nórdicos.

10. ¿Qué significa la runa UR?

Referida al hombre, esta runa simboliza los instintos primarios desencadenados, inmersos en una corriente de energía que, fluyendo desde el centro del mundo hacia abajo produjo, según la mitología nórdica la generación de los hombres, pero que refluyendo hacia lo alto, participa de la generación de los dioses. Ur es también la runa de la potencia guerrera. Su nombre significa tanto "lugar húmedo, lluvioso" como "toro que pisa al irse".

En un sentido cosmológico, esta runa indica la potencia (viril) de las energías cósmicas aún no ordenadas por el Verbo, la voluntad de los númenes: runa del agua primordial, de las nieblas eternas existentes antes de la formación del Cosmos.

11. ¿Qué características tiene la runa THORN?

Considerada la runa consagrada a los Gigantes, los primeros habitantes de la tierra según los nórdicos, fue ampliamente utilizada en las ceremonias de magia negra y en los hechizos de brujería. Bajo esta óptica, se considera también la runa de la "espina del sueño", del intelecto humano y de las mismas divinidades "del medio", como son las Walkirias y los Gigantes.

Thorn es la runa del mundo oscuro y maléfico, dominado por los Gigantes y por Loki, perverso dios del fuego, padre-señor de las brujas y de la magia negra.

12. ¿Qué representa la runa AS?

Esta es la runa del Verbo divino, con la que el silencio primordial es roto por el sonido de la "palabra que ordena". Dicha runa se identifica claramente con Odín y con su sacrificio voluntario en el Árbol de la Vida. Es también una runa del "sonido-canto" de los sacrificios, de las invocaciones y de las palabras sagradas, con las que la humanidad se dirige al numen, reestableciendo así la primitiva unidad de cielo y tierra.

Es igualmente la runa del vaticinio, de la boca-sonido que se abre para develar los misterios o la voluntad de Odín.

As, es la runa de la palabra según la verdad, o sea, según el sentido íntimo, iniciático, de las cosas naturales. En los textos mágicos rúnicos As aparece con mucha frecuencia y es utilizada con un valor mágico positivo.

13. ¿Qué simboliza la runa RAD?

El siginficado que se atribuye a Rad se refiere casi exclusivamente a todo cuanto implica movimiento, velocidad o bien sentido cíclico.

Rad fue la runa del Sol Naciente, de la Aurora del Mundo, símbolo de la palabra hecha luz, palabra modulada que se ha transformado también en música. Se vinculan a Rad los mitos escandinavos y germanos de las Walkirias.

En el plano material, la runa representa el sonido de los instrumentos musicales sagrados: el rombo, la flauta y sobre todo, el tambor.

14. ¿Cómo se caracteriza la runa KEN?

De la lectura de los poemas nórdicos se revelan dos significados de esta runa: uno el de "antorcha" y el otro el de "purulencia". Esta runa tiene un doble valor simbólico. Por una parte, significa fuente de luz y de calor; por otra, hinchazón causada por la muerte. En su primer sentido Ken representa el fulgor de la energía creadora y en dicho sentido se encuentra ligada al dios Héimdal el Santo, numen del "florecimiento de los prados". Su animal sagrado es el carnero.

Ken, runa que simboliza expansión y contracción, es también símbolo, en cuanto runa de fuego, del aspecto de disolución y de purificación del mismo.

Referida a los hombres, Ken indica el conocimiento sobrenatural. No por casualidad, Surt protege los "mundos del medio". En este sentido, la runa revela su aspecto oscuro y siniestro, lo peligroso para los hombres de querer acceder a un conocimiento no propio de su naturaleza.

15. ¿Cómo se describe la runa GYFU?

En islandés antiguo el nombre significa regalo, merced, presente. Según la mitología nórdica la merced sería de tres tipos:

El primero consiste en el "aliento" que Odín había ofrecido al hombre a fin de que éste existiera.

El segundo tipo de regalo es el que los hombres ofrecen a los númenes por medio del sacrificio, la entrega y la inmolación. El resultado práctico de la acción ritual del sacrificio, sería, por lo tanto, el desarrollo fecundo de la vida del individuo concreto.

El tercer regalo, es en cambio, el que el hombre hace al propio hombre e incluso el que el numen hace al propio numen.

La runa Gyfu es, pues, símbolo de la amistad y de la hospitalidad.

16. ¿Qué es la runa WYN?

Si Gyfu está considerada la runa de la merced divina, Wyn representa en cambio, "la alegría" del hombre por haberla obtenido. Pero Wyn posee también un valor negativo. Su significado de pasión cautivadora al que la misma runa remite ese veneno que podría embotar los miembros y la mente, el aspecto "corrosivo" de las energías cósmicas que animan las cosas y toda acción.

17. ¿Cómo es la runa HAGEL?

Esta runa es la primera de la segunda familia rúnica, llamada "runa de hielo". En Islandia, sin embargo, esta familia recibe la denominación de "runas de tempestad".

Hagel, en las lenguas escandinavas, tiene el significado de frío intenso, de hielo y sobre todo de escarcha. Hagel, por otro lado, es el dios congelado en el "huevo primordial" de la mitología noruega. En la cosmogonía germánica, en cambio, el hielo constituye la materia primordial del universo esotérico.

La runa Hagel, es pues, el signo del deshielo, de la expansión espiritual y material, de la vida que nace de la muerte, de la nada inicial.

18. ¿Qué significa la runa NYD?

Esta runa tiene un significado de "necesidad", de "urgencia". Es una de las pocas runas de las que los poemas nórdicos han transmitido en forma expresa su significado mágico-ocultista.

Simboliza "la ascensión", el principio "engendrado al principio".

Nyd era utilizada para los hechizos amorosos y sexuales. En cambio, bajo el aspecto más material, esta runa expresa las características de los tres tipos principales de hombres, simbolizados por los hijos del numen-carnero: Praéll representa el emblema del hombre en el que predomina el componente terreno; Karl, aquel en quien tiene predominio la esfera psíquica; mientras que Jarl, el pontífice, simboliza el tipo superior en el que el espíritu se convierte en ordenador de toda la esfera del Ser. En efecto, según la sociedad nórdica y en general, en toda civilización tradicional, el rango de cada persona está definido por su propia naturaleza interior.

Para todos los miembros de la sociedad existe la posibilidad de acceder al Conocimiento por medio de las iniciaciones propias de todo ser humano: la iniciación en el "oficio", en la "guerra", en el "sacerdocio".

19. ¿Qué características tiene la runa IS?

Es la segunda runa de la familia del hielo. Is, precisamente, es la raíz lingüística indoeuropea para indicar el hielo y en general el frío. Si Hagel está considerada la runa de la disolución, ésta es en cambio la runa de la congelación, del hielo en la plenitud de sus propias formas y de sus contenidos y componentes.

Es la runa de la concentración obtenida por medio de la racionalidad. Referida al hombre, Is es el símbolo de las aguas congeladas, de los Icebergs, del pensamiento humano concentrado en el ejercicio de la ascesis, unido al principio espiritual del dios.

El saberse mover por encima de la mentalidad racional, o el "saber caminar sobre las aguas". La runa Is es signo por ello de sabiduría y potencia realizadora.

20. ¿Qué representa la runa JER?

Es la tercera runa de la familia del hielo. Está consagrada a la diosa Syf, esposa de Thor y protectora de los meses y de las cosechas. Constituye el símbolo del florecimiento de la Naturaleza, bajo el hielo invernal, y posteriormente su disolución.

Sif es el emblema de la primavera, y Jer su instrumento, dedicado a los hombres y a la abundancia de sus cosechas.

Jer representa la justicia, protege a la familia y asegura el bienestar y la prosperidad.

21. ¿Qué simboliza la runa PEORTH?

Su nombre parece que deriva de la raíz *peord*, que remite a la idea de juego o de embriaguez, de tentar la suerte. En este último sentido, Peorth es la runa de las Nornas, las tres divinidades del medio, que según la mitología nórdica, presiden el destino-vida de todo hombre. Las Nornas simbolizan los tres momentos de la vida humana y universal, el pasado, el presente y el futuro.

Peorth es la runa de la clarividencia, de las artes adivinatorias y de los encantamientos, símbolo que se vincula con la idea del juego ritual.

22. ¿Qué es lo que caracteriza a la runa ZOLH?

En la serie nórdica "breve" a esta runa se le conoce como *madr* u hombre. Tiene un significado de defensa o protección.

Era una runa consagrada a la pareja divina de los gemelos Alcis, a cuyo culto estaba ligado el alce. Posee el significado de resurrección, de despertar primaveral, y en el aspecto cosmogónico, del "eterno retorno cíclico".

23. ¿Cómo se describe la runa SIGEL?

Sigel es otra runa de "victoria". Su nombre deriva del lenguaje de los elfos que, de acuerdo a las leyendas escandinavas, habían llamado al Sol con el nombre de *sóvel,* o "rueda refulgente". Según lo anterior, Sigel es la runa solar por excelencia, consagrada al Sol. Y, por extensión, implica la idea de círculo, de rueda.

La runa Sigel, referida al hombre, simboliza el elemento ígneo humano, o el aspecto solar del ser, la fuerza infusa en los hombres, según los mitos nórdicos, por el dios Odín mediante su aliento.

Cosmogónicamente, Sigel expresa en cambio el nivel o plano cósmico, sede de las potencias luminosas y paradisíacas, las divinidades solares superiores y algunas especies de elfos.

24. ¿Qué es la runa TYR?

Es la runa del dios Tyr, que pertenece a la mitología escandinava con la que a menudo se identifica. La runa Tyr es la última de la familia de la "victoria". Al mismo tiempo, da origen a la tercera familia rúnica de "guerra" llamada *Tyr aett.*

La runa Tyr es el símbolo de la ley natural que, por lo menos en teoría, debería triunfar sobre las fuerzas disgregadoras del orden universal y humano.

También se le considera la runa de la fuerza solar, de la potencia trascendente que, en el hombre, ordena las corrientes desordenadas, nocturnas y oscuras, de la naturaleza.

En un sentido cosmogónico, esta runa simboliza la victoria del bien sobre el mal.

25. ¿Cómo es la runa BEORC?

La runa Beorc es otra de las runas de "socorro", usada en los rituales de fecundidad tanto de las mujeres como de los rebaños. Su nombre deriva del término protogermánico *bjórk,* o "abedul". Como muchas otras cosas, el abedul se considera sagrado junto con el tejo, el fresno y el roble, en todas las tradiciones del área celta-escandinavo-eslava.

Beorc está asociada a la divinidad Freya, encargada de la fertilidad que, por extensión del concepto, representa las corrientes de energía cósmica que restablecen en la Tierra un equilibrio natural, interrumpido por circunstancias negativas.

La evocación de fuerzas positivas, es el significado preciso y el uso mágico de la runa Beorc.

26. ¿Qué significa la runa EH?

El nombre de esta runa deriva de la raíz indoeuropea *ekwo*, con el significado principal de "caballo".

Los germanos, según la historia, deducían vaticinios y presagios de la carrera y los movimientos de los caballos de batalla, y por lo tanto los consideraban un símbolo de fidelidad y de juramentos sagrados.

Para los escandinavos, la runa Eh y el caballo, son símbolos de fidelidad conyugal o de palabra dada.

Para las religiones europeas, el simbolismo del caballo es el más complejo y controvertido. Con la sangre de este animal derribado, que asumía con frecuencia así un significado incluso infernal y telúrico, se efectuaban ritos de purificación. El caballo negro aparecía a menudo como manifestación de fuerzas subterráneas y maléficas, como por ejemplo Morrigain, la "pesadilla" de las sagas irlandesas, representado como una yegua negra.

La runa Eh representa el signo de la muerte heroica preludio de la resurrección espiritual; runa que contiene en sí el símbolo de la comprensión y del juramento, del renacimiento y de la reencarnación.

27. ¿Qué características tiene la runa MAN?

Man parece derivar de la raíz indoeuropea *man* o *madr*, con el significado de "hombre".

Esta runa es de la llamada serie del "socorro", especialmente de la estirpe humana, ligada al mítico progenitor Mannus, a su vez engendrado por el hermafrodita sagrado Twisto, uno de los muchos númenes intermedios pertenecientes a la mitología nórdica.

Referente al hombre, Man es la runa que ayuda en la "transformación de la madera" y hay que considerarla como una runa de inteligencia.

Aquel que conoce la runa y sabe grabarla en la madera es capaz de evocar la potencia del numen primordial usada en la creación del hombre.

Man es la runa del nombre que encierra la esencia de la persona, de los lugares, de las cosas y hasta de la divinidad.

Se considera una runa de buen augurio para cualquier acción que se vaya a emprender, sobre todo para las que tienen que ver con las relaciones interpersonales.

28. ¿Qué representa la runa LAGU?

Lagu es la runa del poder y del significado "psíquico" del agua en sus valores ocultos.

Su nombre deriva de la raíz indoeuropea *laku*, con el significado de extensión de agua o simplemente lago.

Lagu es al mismo tiempo una runa benéfica y maléfica. Se puede distinguir en el signo el valor de remedio medicinal, de ungüento que alivia las heridas, pero también el de "sustancia subterránea" misteriosa, de la que han nacido las fuerzas primordiales del Caos.

En los mitos noruegos, Lagu significa natividad, de vida y de "devenir".

29. ¿Qué simboliza la runa NIG?

El nombre de la runa Nig deriva del nombre del mítico hijo de Mannus, el héroe Ingus del pueblo escandinavo de los ingevones.

Nig es la runa de los antepasados y de la estirpe, del fuego sagrado entendido como hogar doméstico, expresión visible de la unión familiar y tribal, relacionada a la abundancia y a la fidelidad.

Asimismo, es la runa de la continuidad de la tradición cultural o étnica.

30. ¿Cómo se describe la runa OTHILAZ?

Othilaz es la runa del espacio protegido por el derecho, símbolo de pacto armónico, del lugar donde se desarrollan las actividades humanas.

Su nombre deriva de la raíz *epel*, que significa "herencia", "patrimonio", o "propiedad de rebaños".

Igualmente, Othilaz es la runa de la posesión también en el sentido mágico. Era usada en los rituales mágicos relacionados con el dinero, las amistades y la fidelidad conyugal.

31. ¿Qué caracteriza a la runa DAEG?

En el *Futhark* la runa Daeg está colocada en último lugar.

Su nombre deriva del dios menor Dagr, dios de la luz, que representa "el día" en la mitología nórdica.

Daeg es una de las runas de la victoria, y más precisamente de la victoria de la luz sobre las tinieblas, en **todos** los sentidos.

32. ¿Cómo es la runa EOH?

En lengua antigua germánica significa literalmente "árbol de tejo". La madera de esta planta era utilizada sobre todo por los pueblos germánicos y celtas en general, para grabar en ella fórmulas rituales y encantamientos mágicos.

Eoh es el símbolo de la vida, pero también fuente de muerte. Como tal, es una runa consagrada, en la mitología nórdica, a los elfos de la Tierra que se habrán servido del veneno —el tejo da un fruto altamente tóxico— contenido en los miembros, o a la actitud primordial del conocimiento de los "mundos del medio".

33. ¿Qué simboliza la RUNA BLANCA?

Esta runa sin símbolo manifiesta lo que aún no está creado. Así, el destino y el karma dependen de nuestros actos para ir moldeándose.

34. ¿Cuáles son los materiales más usados para la fabricación de las runas?

Las primeras runas se elaboraron con piedras, ramas, madera, cuero o metal y en ellas se tallaban, pintaban o grababan los símbolos. Las más utilizadas eran las pequeñas piedras planas y lisas pintadas con los glifos rúnicos.

En cualquier caso, siempre es importante decidir cómo construirlas y la forma que debe dárseles. Pueden utilizarse cartoncitos con sus figuras dibujadas, eligiendo los colores por analogía, o bien unas tablillas de arcilla, o simples guijarros, con los dibujos de los símbolos rúnicos pintados en ellos.

También resultan adecuados unos pequeños rectángulos de madera, para grabar encima las figuras rúnicas. Hay que decir, de todos modos, que no existen reglas concretas a la hora de usar algunos materiales en vez de otros. Incluso podrían realizarse runas en piedras preciosas, en plata u oro.

35. ¿Qué son las varitas rúnicas?

Desde el punto de vista mágico son muy interesantes. Estaban hechas de palos cortos de tejo o hueso en donde se grababan las runas con propósitos ocultistas. Las varitas rúnicas están aplastadas por los lados y a veces tienen formas y filos de cuernos.

36. ¿Qué es el tejo?

El tejo era un árbol sagrado para los celtas y estaba muy extendida la creencia de que poseía influencias mágicas. Los arcos de tejo eran muy apreciados por su fuerza y poder. La elección del material de las varillas jugaba un papel significativo en cuanto a su eficacia.

37. ¿Cuál es el significado de los símbolos rúnicos?

Son expresiones simples v poderosas de las fuerzas básicas de la naturaleza:

Podemos hacer conjeturas acerca de muchos de los símbolos. Por ejemplo, la figura del triángulo que apunta hacia arriba debió significar algún aspecto de la fuerza masculina, al igual que los elementos mismos de la naturaleza tales como el falo, la montaña o la llama. El árbol de cinco ramas, debió ser una representación estilizada de la mano abierta, que es el símbolo universal para evitar el peligro. Líneas ondulantes cercanas, querían decir agua, más precisamente un río o un arroyo, con la asociación, además, de lo femenino como fuerza creadora.

A otros símbolos de las tallas no se les ha dado un significado tan preciso. Sin embargo, y sólo por el hecho de que el mundo moderno no las entienda, sería ridículo asumir que el chamán que pasó horas tallándolas sobre la dura superficie de la roca, no supiera con toda precisión lo que querían decir.

La simplicidad de las tallas sugiere que existían ya en tiempos ancestrales, mucho antes de ser grabadas.

Aunque los símbolos tenían probablemente funciones y nombres individuales, no hay ninguna prueba de que se usaran para escribir. A las tribus nómadas germanas no les habría sido muy útil el lenguaje escrito. Si en algún momento desarrollaron su propio modo de escribir, no ha sobrevivido ningún ejemplo que pueda probarlo.

38. ¿Qué relación se cree que tienen las runas con la mitología escandinava?

La mitología escandinava contemplaba un número muy amplio de divinidades, estando cada una de ellas ligada al simbolismo de una o más runas o viceversa. En el panteón de las divinidades nórdicas estaba incluida la vida, la Naturaleza, en todas sus manifestaciones, para las que las runas eran expresiones dc los distintos componentes naturales no sólo de la existencia humana, sino sobre todo de lo cósmico que rodea al hombre.

39. ¿Quiénes son los principales dioses rúnicos?

Entre las divinidades, símbolos de los elementos que componen el Universo, las había mayores y menores. Junto a ellas, un número infinito de "espíritus elementales", que en caso de necesidad, eran evocados o invocados mediante el sabio uso de las runas.

Entre las runas "mayores" encontramos las ligadas al culto del dios Thor, de las diosas Freya y Frig, de Loki y de Balder. Entre las "menores" abundantísimas, por cierto, cabe recordar al menos las ligadas al culto de las Nornas.

El dios Thor, "de pesado y poderoso martillo", en la mitología escandinava era el numen del rayo, de la potencia y de la venganza. Era comparable, en sus atributos, al Zeus griego.

La versión nórdica de la "Gran Madre" era sustancialmente la diosa Frig. Su culto estaba ligado al antiguo concepto de reproducción y de actividad sexual de las mujeres que, necesariamente, remite a los ritos matrimoniales normalmente celebrados en primavera. El culto de Frig y de Nerthus, estaba vinculado a las denominadas "runas de tierra", a las "runas de parto" y a las "runas de la naturaleza".

Otra divinidad femenina muy importante del panteón nórdico era Freya. Hija de Wothan, era adorada por su capacidad de infundir, mediante el uso de sus runas, propiedades adivinatorias a sus fieles. A Freya estaba consagrado un colegio de sacerdotisas, el conocido como Volva, al que anualmente se dirigían los jefes de clanes noruegos para escuchar los oráculos que debían ser proferidos en momentos de éxtasis divino.

Algunas leyendas escandinavas cuentan que Odín tenía grabado en la lengua del recién nacido Balder las "runas de la palabra" y que, en consecuencia, el numen había desarrollado un increíble don del habla. Como divinidad del sol, del calor y del verano, Balder había provocado la envidia del dios del fuego, Loki, su hermano. Éste había tramado su perdición y, por sus acciones malvadas, había recibido un castigo terrible del propio Odín. El símbolo de esta lucha, según la mitología nórdica, había sido puesto de manifiesto por las "runas de enfrentamiento".

Uro, Vendanki y Skuld, son personificaciones respectivas del pasado, del presente y del futuro de cada hombre y de cada dios. A ellas corresponde la tarea de velar a *Yggdrásil*, el árbol que sostiene la Tierra.

40. ¿Quién era Odín?

Odín o Woden como le llamaban los germanos, comenzó su existencia como deidad menor de las tormentas de la noche que corrían furiosamente a través del cielo con una tropa de misteriosos jinetes, los fantasmas de los guerreros muertos. Wode significa furia, la liberación de las fuerzas ciegas de la naturaleza. Se decía que en las noches de tormenta el trueno de los cascos de su caballo se oía retumbar por encima de las nubes.

Más tarde, cuando el dios comenzó a formarse en la mentalidad de sus pueblos, se le veía como el señor de las fuerzas brutales; no se le consideraba por sí mismo una fuerza bruta. Gobernaba estas fuerzas salvajes a través de la habilidad de la magia y alcanzaba a ver la profundidad de todas las cosas secretas. No era un guerrero pero dirigía el resultado de las batallas para sus propios fines, usando su ejército de grilletes, es decir, un hechizo que producía un miedo paralizante en las filas de sus enemigos. Por esta razón, le rendían culto los guerreros. También era bueno para la medicina y sanaba a enfermos y heridos.

Sacrificó su ojo obteniendo a cambio sabiduría de la fuente de Mimir y era conocido como el dios del único ojo.

41. ¿Cómo representaban al dios Odín?

Odín lleva en una mano la lanza en cuya hoja fueron luego grabadas las runas, y en la otra, una espada en cuya empuñadura y hoja también tenía grabados rúnicos.

El dios Odín está asociado con Mercurio o Hermes; esto se debe a sus fuertes poderes mágicos y a su gran sabiduría, conjuntamente con la fuerza para vencer a los elementos con la misma furia de éstos.

42. ¿Qué es el Runatál?

En la mitología nórdica se encuentra un poema conocido como el *Hávamál*, cuya traducción es: "Los mundos del Ser Supremo" en donde existe un fragmento llamado "Runatál", donde se relata el autosacrificio de Odín, quien se colgó durante nueve noches del Árbol del Mundo, el *Yggdrásil*, herido por su propia espada y sin que nadie le diera de comer o de beber, consiguiendo por ello un estado alterado de conciencia que le ayudaría a adquirir todo el conocimiento sobre las runas.

El Runatál se divide básicamente en dos secciones, los primeros versos nos relatan el autosacrificio de Odín y las siguientes estrofas se encargan de transmitirnos los dieciocho hechizos del Runatál y en uno de sus párrafos aparentemente se encuentra una lista de técnicas que era necesario que dominaran los magos rúnicos.

43. ¿Quiénes eran los teutones?

Los teutones, es el nombre general aplicado a las tribus de los pueblos que vivían en los bosques del norte de Europa, incluyendo a germanos, godos y anglosajones. Eran una raza dura e inflexible cuyo mayor deleite consistía en guerrear. Antes de la llegada del Cristianismo compartían una cultura y una lengua comunes.

44. ¿Quiénes eran los druidas?

Los druidas eran los antiguos sabios-brujos de Irlanda, Gran Bretaña y Francia, que estaban agrupados en castas sacerdotales.

Los cultos religiosos druídicos eran derivaciones de los ritos mágicos de los chamanes escandinavos e islandeses. Los druidas empleaban, por otra parte, las runas mágicas y los "signos de Ogham" con un objeto eminentemente adivinatorio o para producir encantamientos.

45. ¿Cómo eran los ritos druídicos?

Los druidas utilizaban a veces los sacrificios humanos para hacer propicios a sus dioses. Los ritos tenían lugar al aire libre y las víctimas eran quemadas en grandes piras que estaban al lado de enormes imágenes de madera (que podríamos comparar a los llamados tótems). Tales sacrificios tenían lugar en el transcurso de las fiestas sagradas.

La casta escogida de los druidas tenía como misión realizar por medio de su propio representante, los rituales sagrados a los dioses. Las divinidades celtas eran asociadas por los romanos a sus dioses como Apolo, Mercurio, Marte, Júpiter, etc.

Cuando iban a efectuar las ceremonias, con el propósito de ganarse el favor de los dioses, los sacerdotes druidas ayunaban y se preparaban espiritualmente.

Antes de cualquier rito, estudiaban atentamente las posiciones de los diferentes planetas y en especial las fases lunares. Por lo común la fase de la luna creciente era la más adecuada para los rituales de fecundidad y de abundancia. Por el contrario, las fases de luna menguante eran elegidas para los rituales de maldición y venganza.

Dada la especial importancia atribuida a las plantas, los ritos se desarrollaban ante todo en los bosques, los llamados "bosques sagrados", los nemetons, donde era posible entrar en contacto con los dioses a los que se ofrecían sacrificios y de quienes se esperaba inspiración o curación.

46. ¿Cómo se consideraron las runas en la Edad Media?

La evangelización cristiana de los pueblos escandinavos, y del tronco céltico en general, concluye hacia el siglo XIII. Como ha ocurrido casi siempre en la Historia, la divinidad y el panteón de la cultura religiosa sucumbe —en este caso, la religión naturalista nórdica, llamada pura y simplemente "paganismo" se transformó en el "principio del mal" para el sistema religioso hegemónico, y en el "diablo".

Las runas pasaron a ser, entonces, instrumentos mágicos del diablo, signos misteriosos que los adeptos de Satán usaban para producir maleficios, sortilegios y encantamientos. Esta concepción, alimentada por sombrías narraciones de la literatura cristiana, se prolonga sustancialmente hasta comienzos del siglo XX.

47. ¿Cómo resurgió el uso de las runas?

La subida al poder de sistemas político-ideológicos como el nazismo y el fascismo, marcados culturalmente por el despertar mítico del espíritu nacional, produjo entre otras cosas la tergiversación de valores de por sí positivos. Las runas se convirtieron en el emblema y sello de organizaciones políticas o militares, hasta el punto de que hoy en día han llegado a adoptarse en forma absolutamente equivocada, como símbolos gráficos de ideologías que enzalsan la tiranía, la guerra y la destrucción.

48. ¿Cuál es o ha sido la posición de la Iglesia en relación a las runas?

Desde que supo de su existencia, la Iglesia detestaba que la gente recientemente convertida hiciera uso mágico de las runas. Los sacerdotes intentaban oponerse a cualquier actividad por razones más pragmáticas, deseaban ser los únicos dadores de hechizos y encantamientos.

El en siglo VII, el Papa Gregorio, un hombre sumamente cauto, ordenó a los clérigos que no suprimieran los cultos paganos, sino que estos fueran como elementos absorbidos al cuerpo de la cristiandad.

Tal grado de moderación por parte de los padres cristianos era por lo general poco habitual. Cuando aumentó el poder de la Iglesia, también lo hizo su despotismo.

Al correr del tiempo, y cuando el cristianismo apareció en los pueblos sajones, la Iglesia hizo con las runas lo que mejor sabe hacer: las destruyó.

Esto fue debido entre otras cosas a que en esa época la Iglesia prohibió totalmente cualquier práctica "pagana" que tuviera que ver con adivinación, rituales mágicos o lo que estuviera relacionado con temas ocultos; entonces para poder preservar todos estos conocimientos, las prácticas tuvieron que hacerse clandestinamente, ya que la Iglesia era implacable ante esto y se imponían severos castigos y tormentos, incluyendo la muerte.

49. ¿Qué es el Futhark?

Las raíces de las runas, están estrechamente ligadas y vinculadas a los pueblos indoeuropeos. Gebu Urdiz —un prestigiado investigador sobre el tema— señala en uno de sus trabajos: "Los alfabetos céltico, germánico, vikingo, así como el latín arcaico, sin dejar de mencionar el antiguo griego, tienen muchos caracteres rúnicos, y de igual modo el alfabeto fenicio y etrusco lo reflejan enormemente".

Posteriormente, tuvo lugar un periodo de amalgama en que los caracteres más importantes viejos y nuevos se fundieron para crear el *Futhark* alemán, de 24 letras. *Futhark* es la palabra compuesta por las seis primeras letras del alfabeto rúnico germánico. Todos los trazos de este alfabeto son verticales o diagonales.

50. ¿Las runas se comparan con algunas artes adivinatorias?

Las runas son más antiguas que el Tarot o el I Ching. Sus símbolos fueron esculpidos en piedras en épocas más remotas al diluvio universal.

Quienes estén familiarizados con el Tarot y su forma de juego no deben dudar en lanzar las runas de igual manera, puesto que su simbolismo al igual que el del Tarot, permitirá entrar en el mágico mundo del ritual adivinatorio.

51. ¿Qué es la Necromancia?

Existe una mezcla de la magia rúnica diseñada para tratar con lo sobrenatural. Las runas pueden abrir a su maestro los más altos o los más bajos dominios de la magia. La necromancia pertenece a estos últimos, es el arte de infundir vida a los muertos.

52. ¿Cuáles son los pasos que sigue la magia rúnica?

La magia rúnica comprende cinco pasos distintos mencionados en el *Hávamál*:

1. Grabado

2. Lectura

3. Tinte

4. Evocación

5. Envío

53. ¿Cómo se llama al acto de lanzar las runas?

Parece que el término "tirada" es un recuerdo racial que aún en la actualidad sigue influyendo y surgió de la época antigua en que literalmente se "lanzaban" o "tiraban" las runas, que estaban talladas en piedras, al piso o al paño del adivino. En el lenguaje rúnico un *Runecast* equivale a la "tirada" del Tarot y es el método que se utiliza para colocar los símbolos antes de interpretarlos.

54. ¿Qué significa Runemal?

El Runemal que no es sino el arte de echar las runas, les dio gran intuición y extraordinarios poderes a los magos que penetraron totalmente en los conocimientos rúnicos, que no sólo se utilizaban para la lectura del oráculo, sino también para efectuar rituales mágicos muy poderosos y talismanes.

Se trata de una práctica esotérica, que no es más que una labor artesanal, en la que se pretende conectar con algo desconocido para obtener una respuesta o consejo sobre una serie de cuestiones.

55. ¿Es necesario invocar verdaderamente a los dioses rúnicos para lanzar las runas?

Se puede conjurar a los dioses y diosas rúnicos, si se cree en ellos, y ellos responderán. Una oración al dios Odín, por poner un ejemplo, antes de cualquier adivinación rúnica, incrementará la energía activa de las runas. La eficacia de tales oraciones se reforzará con su repetición. La experiencia confirmará lo dicho.

56. ¿Al realizar el ritual se debe invocar a un dios específico o a todos en general?

Se debe invocar a los dioses apropiados para que supervisen el ritual del cambio. Los dioses son espíritus vivientes con personalidad. Deben tomar parte si los resultados van a ser vistos. Nunca se debe contemplar a los dioses como metáforas de las fuerzas físicas. Puede ser fatal. Los dioses son reales, y debe contemplarlos como reales si quiere que actúen por su causa.

Para el amor, se debe invocar a Freya o Frey. Para deseos estrictamente físicos, Feija. Sin embargo, a Balder para el amor espiritual. Invoque a Tiw para el compromiso, la obligación, las funciones o los honores. Para la guerra, las peleas físicas, las riñas, el desacuerdo, invoque a Thor. Para cualquier asunto que implique la magia, artesanía, habilidad artística, se debe invocar a Odín. A Loki, para engaños, decepciones, confusión, rupturas o malicias. Para asuntos de paciencia, constancia y resistencia se debe invocar a Hendall, y a Hel para la necromancia.

La oración a un dios rúnico debe tomar la forma de una petición y una expresión de agradecimiento. Se debe honrar a los dioses con palabras apropiadas. Este es un tipo de sacrificio mental llamado "sacrificio sensato" que alimentará a los dioses y los inclinará para actuar a favor.

57. ¿Qué actitud se debe tomar al invocar a un dios rúnico?

Nunca se debe humillar ante un dios rúnico, ni arrastrar ni suplicar. Estas acciones no otorgan beneficio alguno. No se debe ofrecer un regalo a un dios como promesa pidiendo favores. Si se da el servicio, se exigirá el pago. A nadie corresponde determinar previamente cuál ha de ser este pago, o intentar reducirlo o limitarlo.

58. ¿Qué preparación se debe tener para lanzar las runas?

Además de procurarse la atmósfera especial para consultar un oráculo, siempre es muy útil seguir un sistema, es decir, una especie de "ritual" dentro de las prácticas de meditación o canalización y otras. Usualmente se recomienda que se lleve a cabo, de ser posible, todos los días a la misma hora y en el mismo sitio. Todo esto tiene un propósito, si se elige un sitio especial éste se irá cargando con las propias energías. Como en ese lugar se va a establecer comunicación con el Ser Superior o Interno por medio de las runas, también se irá creando una energía especial que influirá en el estado anímico en el momento de la lectura.

Estas recomendaciones tienen el propósito de reforzar la intuición, alejando de la mente cualquier cosa que pueda entorpecer la comunicación, haciendo a un lado las ocupaciones y los pensamientos para que reinen dentro del "runomante" o "cartomante" la paz, la armonía y la serenidad.

Antes de una sesión adivinatoria se meditará un poco en la acción a realizar, procurando dejar la mente en blanco, respirando tranquilamente para poder armonizarse con el Cosmos.

59. ¿En qué estado de ánimo se deben lanzar las runas?

Si bien las runas son benéficas, es necesario tener muy presente que no se deberá lanzarlas con el pensamiento cargado de ira.

El poder del lanzador rúnico irá aumentando a medida que su acercamiento a Dios lo guíe hacia el portal rúnico en busca de aprendizaje para modificar sus partes negativas.

Es recomendable que quien vaya a realizar su lanzamiento se someta a una leve preparación anímica que empiece por una adecuada concentración para adaptar la mente al momento y la situación. Todo ello para estar receptivo a los mensajes subliminales que el destino ofrece.

60. ¿En qué orden deben leerse las runas?

Las runas se leen una a una. La primera se refiere al pasado o a las circunstancias que instigaron la pregunta. La segunda runa es la situación presente del consultante. La tercera indica el curso de los acontecimientos futuros y vislumbra un comentario sobre los resultados. Si dos o más runas son favorables, la situación no es seria. Si dos o más son desfavorables, existe en potencia un resultado de dañinas consecuencias. Una runa alentadora en posición final indicará que las condiciones habrán de mejorar.

Por supuesto todas las runas operan a todos los niveles, y pueden ser tanto favorables como desfavorables, dependiendo de las circunstancias.

61. ¿El orden de los símbolos es arbitrario o hay que seguir uno determinado al transcribirlos?

Los investigadores no han logrado ponerse de acuerdo para establecer el orden rúnico en que debe transcribirse el alfabeto *Futhark*.

62. ¿Por qué deben leerse las runas tanto al derecho como en posición invertida?

Las runas siempre deben interpretarse en sus dos aspectos; ellas marcan no sólo las posibilidades que existen para realizar lo consultado, sino que además hablarán sobre los desafíos a vencer. Sugerirán las acciones correctas y marcarán los cambios que deben efectuarse para lograr exitosamente dicha realización, aun a pesar de que el lanzamiento fuera aparentemente negativo.

63. ¿Se puede influir de algún modo en la caída de las runas?

La caída de las runas, físicamente depende de los movimientos de la persona que esté tratando con ellas —no es posible influir en su caída conscientemente al menos que se empleara algún medio material—, del mismo modo que se influye en los dados poniéndoles plomo. Sin esta clase de intervenciones, el gran número de fuerzas que contribuyen harán que su caída sea causal, tal como se entiende este término en la ciencia.

Aunque su caída puede parecer carente de influencia, de hecho está modificada para revelar la respuesta deseada a la cuestión planteada.

64. ¿Cuándo se pueden consultar las runas?

Las runas se pueden consultar de acuerdo con el antiguo calendario noruego donde se contemplan los días de la semana, los meses del año y las relaciones entre las estaciones y las fiestas asociadas a ellas:

Odín = Mercurio = Miércoles

Freya = Luna = Lunes

Tyr = Marte = Martes

Thor = Júpiter = Jueves

Frigg = Venus = Viernes

Nornas = Saturno = Sábado

Baldur = Sol = Domingo

Luna de lobo = Diciembre = Solsticio de Invierno

Luna de la nieve = Enero = Bendición del arado

Cuerno = Febrero = Fiesta de la familia

Primavera = Marzo = Equinoccio de la Primavera

Ostara = Abril = No se asocia a ninguna fiesta

Luna de jocundidad = Mayo = Fiestas de Primavera

Labranza = Junio = Solsticio de Verano

Cosecha = Agosto = Fiesta de la cosecha

Caída = Septiembre = Equinoccio de Otoño

Caza = Octubre

Luna de la bruma = Noviembre = Día de los héroes

65. ¿Existe alguna forma práctica de interpretar las runas?

Cada una de las runas es compleja de acuerdo con sus asociaciones. Para cada significación concebida existen innumerables asociaciones que sólo se pueden intuir o sentir, nunca se pueden articular, desarrollar o explicar.

De este gran surtido de significados, la conciencia dirigida por el inconsciente selecciona aquellos elementos que están directamente relacionados con la pregunta. Esto explica por qué la respuesta revelada por las runas puede ser aclarada y detallada de modo increíble. Existe una selección imperceptible de significados específicos que continúan fluyendo por debajo de la superficie de la mente.

No se peca de simplicidad si se concibe a los dioses rúnicos en aquella parte del inconsciente que responde a través de las runas.

66. ¿Es verdad que en ocasiones se utiliza sangre humana para teñir las runas?

Si la adivinación que se hará a través de las runas concierne sólo a un asunto de poca importancia, se podrá usar pigmento o pintura, pero si la pregunta es de vital importancia lo mejor es usar la propia sangre.

La sangre alimenta las runas. Es el mayor sacrificio personal que se puede hacer. No obstante, sólo puede valer la sangre del adivinador, la sangre de otra persona o de un animal es inútil, porque no cuesta ninguna pérdida ni dolor. De hecho, usando la sangre de otro ser como sustituto de la propia, se enfatiza la vileza ante los dioses que valoran el coraje sobre todas las virtudes.

La sangre del consultante —una persona que haya llegado con una pregunta— tampoco servirá. Aunque la adivinación se realiza en su beneficio, es el adivinador quien consulta las runas y quien debe pagar su precio.

67. ¿Existe un método único y verdadero de interpretación?

Cualquier grupo de runas se puede interpretar de muchas maneras diferentes. Sólo una de estas interpretaciones será la adecuada. Siempre es necesario permitirse que la intuición actúe en la revelación de las runas. Si la mente está abierta e imparcial, un hilo de significación surgirá por arriba de los demás.

68. ¿Las runas sirven para adivinar el futuro?

Se pueden usar las runas para curiosear en el futuro y para encontrar cosas ocultas, pero para adivinar se deben comprender necesariamente las fuerzas con las que se trabaja.

Aunque la adivinación se utiliza normalmente para ver el futuro, las runas pueden ofrecer una visión del pasado o del presente. Esto es útil si se necesita buscar las causas, que efectivamente existen, pero están escondidas, con el fin de comprender una determinada circunstancia que se esté desarrollando. Los hechos pasados de la vida de un hombre pueden ofrecer algún tipo de información necesaria que concierna a su vida en el presente. El tiempo es continuo. Cualquier área puede aislarse y estudiarse si se manejan las runas correctamente.

Se debe resistir siempre el deseo de leer un porvenir favorable. La adivinación requiere imparcialidad absoluta.

69. ¿Es posible leer el propio futuro a través de las runas?

Es mucho más fácil leer el futuro de otra persona, porque la objetividad es mayor. Pero también es posible tener este grado de imparcialidad y tranquilidad tratando con el futuro de uno mismo, si se hacen esfuerzos diligentes.

70. ¿Cuál es la ventaja de conocer un acontecimiento futuro poco alentador o pesimista?

La ventaja de conocer el futuro consiste en poder controlarlo. Si todos los futuros fueran halagadores la adivinación no tendría objeto. Su valor está en revelar influencias dañinas antes de que ocurran o tener la certeza tranquilizadora de que la circunstancia presente no resultará, en nada, destructiva. En cualquier caso obliga a actuar, por obra u omisión. Para cambiar el futuro es necesario moverse de rama en rama en el fresno del *Yggdrásill*, símbolo del mundo, usando para ello los nudos que se han formado en los momentos de decisión. Cada vida sigue su efluente continuo. Donde quiera que una elección es factible, allí aparece un nudo. Cuando se hace una elección se abre un camino, al mismo tiempo que otro se cierra. La adivinación proyecta una línea hacia el futuro basada en la causa y el efecto, lo que ocurrirá debido a las circunstancias externas y a la naturaleza interior.

71. ¿Qué pasa si al caer alguna de las runas no es favorable?

Si dos o más runas son favorables, la situación no es seria. Si dos o más son desfavorables, existe en potencia un resultado de dañinas consecuencias. Una runa alentadora en posición final indicará que las condiciones habrán de mejorar.

Por supuesto todas las runas operan a todos los niveles, y pueden ser tanto favorables como desfavorables, dependiendo de las circunstancias.

72. ¿Es posible cambiar las predicciones de las runas?

No es tan fácil cambiar las predicciones de las runas. La adivinación verdadera trae consigo todos los factores que influyen en la pregunta. No hay lugar para la casualidad. Incluso se considera su propia influencia. Por lo tanto, un hombre que reaccione en contra del futuro que ha adivinado, contribuirá mediante sus hechos a hacerlo realidad. Sin darse cuenta ha resultado ser parte de su cumplimiento.

Para cambiar el resultado de las runas, éste debe salir de la matriz del inconsciente de donde se extrajeron sus veredictos: Mientras que permanezca en este círculo cerrado, no podrá nunca alterar el futuro porque representa parte de su causa y efecto. En términos místicos orientales, es un prisionero del karma. Sólo un acto de libre voluntad puede romper esta cadena de causas y efectos revelados por las runas.

Lo más necesario para producir un acto de libre voluntad es darse cuenta de su ausencia en la vida cotidiana. La mayor parte de la gente no tiene conciencia de su cautiverio y no pueden ser nunca nada más que esclavos.

Para cambiar el futuro es primeramente necesario entender el veredicto de las runas en relación con la pregunta y tratar la cadena de las causas y efectos con plena conciencia de su aspecto mecánico.

73. ¿Cómo se puede saber a cuál runa pertenece una persona?

Se puede saber a cuál runa pertenece una persona, teniendo en cuenta su fecha de nacimiento, para establecer así una correspondencia entre los signos del Zodíaco y el lenguaje simbólico del calendario rúnico:

FECHA	RUNA	SIGNO
Del 21 de marzo al 5 de abril	Feoh	Aries
Del 6 de abril al 20 de abril	Daeg	Aries
Del 21 de abril al 5 de mayo	Ur	Tauro
Del 6 de mayo al 21 de mayo	Othilaz	Tauro
Del 22 de mayo al 4 de junio	Thorn	Géminis
Del 5 de junio al 20 de junio	Nig	Géminis
Del 21 de junio al 5 de julio	As	Cáncer
Del 6 de julio al 22 de julio	Lagu	Cáncer
Del 23 de julio al 6 de agosto	Rad	Leo
Del 7 de agosto al 22 de agosto	Man	Leo
Del 23 de agosto al 6 de septiembre	Ken	Virgo
Del 7 de septiembre al 22 de septiembre	Eh	Virgo
Del 23 de septiembre al 7 de octubre	Gyfu	Libra
Del 8 de octubre al 22 de octubre	Beorc	Libra
Del 23 de octubre al 6 de noviembre	Wyn	Escorpio
Del 7 de noviembre al 22 de noviembre	Tyr	Escorpio
Del 23 de noviembre al 7 de diciembre	Hagel	Sagitario
Del 8 de diciembre al 20 de diciembre	Sigel	Sagitario
Del 21 de diciembre al 4 de enero	Nyd	Capricornio
Del 5 de enero al 20 de enero	Zolh	Capricornio
Del 21 de enero al 3 de febrero	Is	Acuario
Del 4 de febrero al 18 de febrero	Peorth	Acuario
Del 19 de febrero al 5 de marzo	Jer	Piscis
Del 6 de marzo al 20 de marzo	Eoh	Piscis

74. ¿Qué cualidades humanas representan las runas?

Ur	Fuerza
Ken	Apertura-Creatividad
Tyr	Logros-Luchas
Feoh	Ganancias-Amor
Lagu	Poderes invisibles-Cambios
Eh	Transición-Cambios
Jer	Tiempo-Justicia
Wyn	Luz-Alegrías
Peorth	Lo oculto-Lo nuevo
Othilaz	Herencia-Lo material
Is	Alto-Frío-Espera

Runa	
Blanca	Karma-Destino
Thorn	Aviso-Fuerza transformadora
Gyfu	Sociedad-Libertad
Beorc	Vaciamientos-Familia
Sigel	Protección-Victoria
Hagel	Justicia Divina-Alerta-Interrupción
Nig	Términos y principios
As	Estudios-Receptibilidad
Rad	Viaje-Alma-Extranjero
Nyd	Luchas
Zolh	Elección-Amor
Man	Metas-Preparación
Eoh	Suceso-Observación
Daeg	Giro-Salud-Prestigio

75. ¿Se puede preguntar a las runas algo para otra persona?

Cuando se necesite formular una pregunta para otra persona y ésta no se encuentre cerca para dar el permiso directo, se deberá primero preguntar al oráculo si esto es correcto.

Se puede pedir por un sí o por un no y luego lanzar la runa: si sale en posición normal la respuesta será afirmativa, de lo contrario estará respondiendo que no, por lo tanto, se deben dejar las cosas como están y olvidar la pregunta. En caso de que salga una runa que no tenga doble posición, se deberá formular de nuevo la pregunta y lanzar otra runa; si la runa fuera la Blanca, no se debe continuar, pues está indicando, de modo contundente, que no se debe meter en la vida de otra persona.

76. ¿Por qué en las runas hay respuestas que no corresponden a lo consultado?

Ocasionalmente, puede llegar a suceder que las runas den una respuesta que no parece adaptarse a la consulta realizada, pero eso se debe a que existe una cuestión primordial, a la que las runas le están dando mayor importancia, y que el consultante se niega a ver, o que ni siquiera es consciente de la existencia de ese problema.

Por tal motivo, se recomienda que al interpretar las runas no se trate de utilizar la lógica. Hay que entender que las runas seleccionan las cuestiones prioritarias y a partir de ello muestran el camino correcto para definir con éxito dicha cuestión, que aunque no sea visible, es la que en definitiva exige la acción más inmediata para solucionar la problemática planteada.

> **77. Así como están asociadas las fuerzas de la naturaleza con cada una de las runas, ¿existe una representación animal, mitológica o de otro tipo?**

Sí existe en algunas runas una representación animal o de otro tipo.

La runa Eh la representa un caballo. El caballo era para los germanos primitivos más que un medio de transporte. Era un animal sagrado relacionado con el culto al Sol.

Feoh significa la bestia de carga y por asociación las cualidades que caracterizan al ganado.

Ur es representada por uro, una especie de buey salvaje que vivía en los bosques de Europa. Ur, al abstraer las cualidades del animal, significa la potencia elemental masculina. Físicamente: fortaleza, agilidad, resistencia. Emocionalmente: valor y audacia.

Thorn es el nombre de un gigante perverso. Normalmente se le ha traducido como Demonio, pues la forma de la runa es aguda y cortante como un diente o una garra. Esta runa contiene la idea de dolor y lucha.

As representa probablemente al dios Odín. Esta runa abre el camino para situaciones difíciles y confusas. Lleva la luz a la oscuridad. Representa la defensa, los conocimientos y regalos o dones.

Rad representa el "carro solar". Es la rueda que marca viajes, tanto físicos como espirituales. Esta runa significa búsqueda y lucha.

Ken habla de la apertura de la mente. La luz iluminadora que proviene del Sol. El fuego de los misterios, abierto por la *antorcha* iluminadora.

Gyfu es la runa del regalo. Dar y recibir las ofrendas del amor y la libertad para la elección.

Wyn representa la alegría. Habla de luz que brota, recompensas y victoria. Runa que tiene conexión con el dios Odín y produce energía restauradora.

Hagel es el símbolo del huevo cósmico, de lo que siempre ha existido, del primer ser viviente en el Universo, de Ymir el hermafrodita. Representa granizo. Es una fuerte runa que nos habla de tiempos duros. El granizo que destruirá los campos pero también marca la posibilidad de rehacer para obtener mejores resultados.

Nyd representa al mismo dios del Fuego. También representa la necesidad. Propone un tiempo de pruebas y la necesidad de asumir que de una manera u otra se debe esperar para aceptar los cambios.

Is representa el hielo. El frío de asumir que las ayudas sólo serán dadas cuando se aprenda que las semillas de la nueva planta aún están en el viejo cascarón y su tiempo es de espera y reflexión en soledad.

Jer es la runa que marca el tiempo de recoger, fuerza de recompensa por el trabajo bien hecho, pero anuncia a su vez que se cosechará exactamente lo que se sembró.

Eoh representa la magia protectora, la sabiduría ancestral, la autodefensa contra los maleficios, la fuerza y la vitalidad. Proporciona bases firmes aunque no parezca ir todo bien. El resultado final se alcanza, fruto de sabiduría. Esta runa anuncia el alivio a los obstáculos que se estén viviendo.

Peorth representa la "piedra de las hadas". Runa que dice de los caminos ocultos a vencer y cómo las fuerzas superiores ayudan.

Zolh representa un cisne y evoca la pureza que toda persona debe tener en su alma. Representa también la transición, la defensa. Recuerda al junco que se dobla pero no se quiebra. Anuncia caminos a transitar y protege contra los ataques.

Sigel marca el tiempo de ser aquello por lo que se lucha. Recuerda que la humildad es el privilegio de los sabios.

Tyr confiere fuerzas y habla del dios Tiw, deidad teutónica de gran valor y justo saber. Esta runa señala el tiempo del equilibrio y orienta el camino hacia la felicidad.

Beorc representa los comienzos. La gran madre curadora y fértil.

Man está representada por un halcón. Es el signo del Padre del Cielo, que representa la unión en sagradas bodas, de lo terrenal y lo celestial. Representa también el despertar, el hombre trazando sus metas y dando los pasos necesarios para lograrlas. Runa de poderes que proporciona los medios para conseguir un fin. El hombre es producto de su pensamiento.

Lagu representa el poder de la intuición y la fuerza de las profundidades, que dan a esta runa una misteriosa conexión con los poderes de la luna.

Nig representa al dios danés Ing, cuyo atributo mayor es la fertilidad. Esta runa habla de tiempos nuevos y solución de viejos problemas.

A Daeg se le denomina "Baldr", traducido por algunos autores como "Los dos caballos", aunque otros la llaman "Piedra de la estrella diurna". Daeg es la runa que marca la luz después de la oscuridad y anuncia el camino victorioso después de una etapa de oscuridad.

Othilaz representa todos aquellos bienes materiales fijos, la suma de las posesiones y la brevedad de los mismos.

78. ¿Es posible conocer si las runas tienen un significado referente al amor?

Todas las runas tienen un significado que concierne al amor:

Feoh: Conquistas amorosas y emociones inesperadas harán descubrir el lado más placentero de la vida.

Ur: Podrán vivirse momentos de pasión arrebatadora, pero más bien desenfrenados. Hay que tener cuidado, puede tratarse de una apuesta tan sólo con el propio Eros. Es necesario aceptar los riesgos sólo si hay paciencia y perseverancia.

Thorn: El oráculo no es de los más felices, puesto que la fatalidad y lo imprevisto están inscritos en el significado de esta runa que, en su sentido adivinatorio, se halla unida a los impulsos más profundos del propio yo, a los instintos más primitivos y, en cuanto tales, destructivos. Consiguientemente, más que tener que haber con los engaños urdidos por otros o por alguien que es verdaderamente enemigo, es el mismo individuo quien tiene que salvaguardar y saber captar la verdadera esencia de toda manifestación espiritual.

As: Proponiéndose una profunda revisión de las experiencias pasadas, esta runa pone el acento asimismo en los momentos de transgresión, en elecciones incómodas inspiradas en criterios de pura simpatía, en extrañas ideas ligadas a pertinaces antojos, o en la capacidad de afrontar los obstáculos.

Rad: La fantasía y el sentimiento son dominantes. Así pues, está asegurado para muchos un fluir constante de imágenes y creaciones visuales e impalpables en las que predominarán la belleza sobre cualquier aspecto de utilidad práctica. Con Rad se exalta la incontinencia amorosa y sexual, lo que podrá volver la vida excitante, interesante y animada.

Ken: El oráculo aconseja valorar muy bien primero todos los pros y los contras de una eventual unión, porque puede ocurrir que se encuentre una pareja que actúe calculadoramente y se muestre demasiado interesada. Se debe tener cuidado, aunque ello suponga un cierto esfuerzo, con todas las situaciones. Lo ideal sería escapar a la rutina habitual estudiando, por ejemplo, los signos misteriosos de lenguajes esotéricos.

Gyfu: Es la runa de la atracción recíproca y de las afinidades electivas. El dar y el poseer se convierten en lo único importante. Perseguir los sueños y aprovechar el momento presente se convertirán en una necesidad y en un alivio al mismo tiempo. El amor se enriquecerá por ello de forma automática precisamente por la influencia simbólica de esta runa. Cabe también contemplar la posibilidad del matrimonio o, en cualquier caso, la idea de crear una familia, si se es soltero resultará aconsejable confiar en alguna nueva experiencia o amistad.

Wyn: Se vivirán momentos especiales que permitirá a la persona ser selectiva en sus actos y promesas, siendo los más favorecidos aquellos precisamente a quienes les gusta ser el centro de atención. Se reafirmarán o renovarán impulsos y sentimientos amorosos.

Hagel: Indica un período particularmente difícil de superar, pero serán sobre todo las ansias de libertad y el miedo a toparse con experiencias poco gratificantes, también desde el punto de vista espiritual, las que frenen cualquier impulso. Es como si uno fuera lanzado a un mar de instintos en el que el sexo desempeñara un papel preponderante y excitante, al verse alimentado por excéntricas fantasías. Se debe tener cuidado, sin embargo, en evitar un exceso de diversión.

Is: Inicia simbólicamente el período del "deshielo" que, tras una etapa de estancamiento, hace a una persona menos disponible. Por eso resulta aconsejable aceptar nuevas invitaciones, proyectar nuevas uniones y volver al clima amoroso ligero, divertido y apasionante.

Jer: Existe un vínculo intenso con la persona amada y se perfilan lazos serios; momentos de nostalgia y deseos de amplios horizontes podrán acentuar las tentaciones de evasión, que en general es inherente, como si se uniera por un fluido mágico. Un futuro prometedor.

Nyd: En el terreno afectivo se contempla una relación más bien difícil de manejar. Las dificultades que se tengan que afrontar por culpa de un compañero poco digno de confianza, pueden amargar la existencia. Se aconseja a quien tiene que legalizar una unión esperar aún un poco para sopesar bien los pros y los contras.

Eoh: Hay afinidad en gustos y en las mismas cosas más bien locas y desmesuradas que gustan a la pareja. En las relaciones, hay que conceder mayor importancia a una mezcla de sensualidad y de ironía.

Peorth: Haciendo uso de las propias dotes de gentileza y amabilidad, se puede aventurar en una historia de amor. Es un buen período para establecer lazos afectivos con tal de que se tenga conciencia de ello, sin aspirar a grandes pasiones que seguramente aparecerán con el tiempo.

Othilaz: Será una verdadera explosión no sólo de Eros, sino también de sensualidad. Se tendrán dotes de un encanto especial que brindará la posibilidad de realizar elecciones muy estimulantes. Naturalmente no faltarán las ocasiones de encuentros nuevos y especiales y el encanto y magnetismo para inspirar o parecer irresistible.

Nig: Es necesario estar atentos a las apariencias, porque detrás de cada rostro sereno pueden esconderse muchas incertidumbres o vacilaciones. Si hace poco que se ha conocido a la pareja, se debe seguir observando antes de decidir si iniciar una relación seria o no; en cambio, si se está felizmente unido se puede decidir por un eventual embarazo, porque el amor por los hijos y de los hijos tendrá, gracias a la runa Nig, un signo favorable.

Daeg: Existe un perfecto entendimiento con la persona amada y por consiguiente se rebosará de alegría por una relación más intensa. Posibilidad además de nuevos encuentros afectivos. Lo importante es no detenerse en dudas o incertidumbres.

Lagu: Todo se volverá más sencillo, no serán necesarias las palabras para comprenderse, pues bastará con un gesto, con una simple alusión y se vivirán momentos muy románticos, pero ante todo uno tendrá que enfrentarse a sus deseos más íntimos y profundos. La disponibilidad de la persona amada y la sensualidad que sabrá provocar, **atraerá** hacia un mar de emociones. En una relación ya encarrilada, con la runa Lagu habrá una renovación y un redescubrimiento de la sensualidad en sus infinitos matices, mientras que para una unión que acaba de nacer, esta runa promete una zambullida en los océanos encantados de los sentidos.

Zolh: Se aclararán muchos malentendidos, habrá deseos de ir hacia la persona amada, a querer comprender sus problemas y necesidades, o bien se sentirá la protección de quien se ama.

Sigel: Es casi pura magia. Atracciones y flechazos están en el aire. Tal vez no sean tan importantes como para resultar duraderos, pero abandonarse a lo que ofrece el momento resultará algo sin duda grato. Por lo tanto, es preciso dejarse llevar por las sensaciones, pues puede suceder también que se encuentre el alma gemela. En el torbellino de emociones que se experimenta hay también lugar para ella.

Tyr: La persona favorecida con esta runa será quien domine la situación. Se lanzará a experiencias distintas que provocarán una sensación de originalidad, de transformación, en las relaciones amorosas. La pareja tendrá muchas expectativas porque, como nunca, una nueva savia vital correrá sugiriendo elecciones pasionales y duraderas.

Man: Es el encuentro que se produce entre dos fuertes personalidades que saben hacer causa común. Será seguramente propicia a las uniones ya sancionadas y también aquellas nuevas que nazcan lo harán bajo el signo de la armonía y de la comprensión mutua.

Beorc: Encuentros positivos podrán determinar una elección que traerá alegría. El juego de la seducción desempeñará un papel muy importante en las decisiones que se tomen, tales como noviazgos, matrimonios o nacimientos.

Eh: Se presentarán nuevas posibilidades amorosas, pero tal vez fuera mejor permanecer por un tiempo solos sin insistir en seguir con unos amores que parecen destinados a acabar. De todos modos, es aconsejable dominar la situación para evitar así caer en crisis desagradables.

79. ¿Por medio de las runas podemos saber sobre el trabajo y el dinero?

Cada una de las runas tiene un mensaje relacionado al trabajo y al dinero:

Feoh: Propuestas interesantes y buenas oportunidades para trabajar bien. No hay que olvidar encuentros, proyectos e iniciativas nuevas.

Ur: Una serie de acuerdos tecnológicos y comerciales brindarán buenas posibilidades de progresar en la profesión, pero las dudas sobre las propias capacidades pueden hacer que haya poca adaptación, por lo que pueden surgir incertidumbres a la hora de asumir tareas que tal vez resulten pesadas o superiores a las propias capacidades. Una buena disciplina interior podrá asegurar el éxito.

Thorn: El consejo de esta runa es reflexionar mucho antes de llevar a cabo cualquier acción o arrojarse de cabeza en cualquier empresa que sólo aparentemente parece ofrecer auténticas posibilidades de triunfo.

As: Las mil oportunidades que se presentarán en el terreno laboral (intercambios, encuentros, citas) no deben hacer olvidar los compromisos asumidos. Conviene proceder con orden, en parte porque el momento es favorable sólo para quien hace las cosas una tras otra.

Rad: Acumular experiencia y el estudio profundo serán sin duda provechosos para quien quiera emprender nuevas profesiones o conquistar importantes posiciones en su carrera, mientras que quien se siente ya realizado vivirá situaciones en las que predominarán el orden y la perfección, la constancia y el método.

Ken: Es el momento de actuar. Hará falta, al abordar cualquier empresa, hacer uso de la razón que sin duda abrirá las vías para la realización y conquista de nuevos espacios. Es importante, en cualquier caso, no encenderse en fáciles entusiasmos, porque pueden presentarse imprevistos que obliguen a sopesar cada uno de los propios actos o elecciones.

Gyfu: No es preciso fatigarse en exceso, pues todo cuanto se haya hecho o se esté haciendo es suficiente para asegurar las debidas satisfacciones. De todas formas, no se debe dejar de aceptar las nuevas ofertas que se hagan por temor a no estar a la altura. Pronto se verá que todo es mucho más sencillo de lo que parece. Por lo demás, se tendrá una agenda rica en compromisos importantes.

Wyn: La habilidad y el talento son los ingredientes para alcanzar el éxito que sonreirá sobre todo a quienes han sabido dar un nuevo impulso a su profesión. De todos modos, habrá que medirse con adversarios que darán muestras de ser más bien desconsiderados e irrespetuosos, volviéndose algo menos diplomáticos que de costumbre.

Hagel: Se contempla un período fatigoso; por lo tanto habrá que hacer frente con espíritu positivo a todos los pequeños o grandes problemas de la vida diaria volviendo más incisivas las aspiraciones ideológicas o políticas y todo ello vinculándolo a la realidad de la vida.

Is: También el trabajo se verá influido positivamente por ella. Están aseguradas las ganancias y algunos nuevos proyectos volverán a cobrar interés con objeto de favorecer especialmente el ámbito financiero, por lo que se producirá alguna operación rentable a corto plazo.

Jer: Se lograrán consolidar muchas oportunidades de trabajo perseguidas con anterioridad, obteniendo un reconocimiento tangible. En el terreno jurídico, algún problema pendiente podrá crear complicaciones de diversa índole, superables en cualquier caso a fuerza de paciencia y de tiempo.

Nyd: Período de mucho esfuerzo y nuevas cargas, no todas ellas gratificantes; por dicho motivo, a menudo habrá engaños y polémica. Este es un período en el que se deberán asumir las responsabilidades.

Eoh: En el ambiente laboral prevalecerán opiniones contradictorias, todo o casi todo será puesto en entredicho. Los compromisos pueden volverse con el tiempo cada vez más estresantes. Hay que evitar envidias y polémicas, promesas un poco ingenuas, porque no son más que una pérdida de tiempo.

Peorth: Sólo ahora se decidirá confiar en la moderna tecnología. Habilidad y diplomacia juegan en cualquier caso a favor, sobre todo si se saben usar las amistades adecuadas en el momento oportuno.

Othilaz: Una propuesta de consulta, brindará la oportunidad de ampliar también el grupo de fieles colaboradores, y se abrirá así un período rico y fecundo de resultados. Es probable que una razón de naturaleza social esté en la base de este cambio.

Nig: Una reanudación muy significativa en una actividad, traerá soluciones inesperadas. Resulta claro por ello que se deberá elegir la actitud adecuada para introducir cambios radicales en algunos terrenos.

Daeg: La vida moderna abunda en medios para alimentar los intereses culturales y artísticos de cada cual. Lo que se emprenda en este período no tardará en dar frutos seguros y satisfacciones. Una parte del tiempo se debe dedicar a la elaboración de proyectos o a lecturas gratificantes.

Lagu: Se debe evitar hacer comparaciones que no llevan a nada. Si no se está contento con la situación actual, este es el período óptimo para introducir cambios. En cualquier caso, habrá atracción por las profesiones relacionadas con el sector acuático, por el mundo de los sueños y por el silencio interior.

Zolh: Período más bien comprometido sobre todo si hay el propósito de obtener diversas ventajas. Por eso resultará conveniente involucrarse en el trabajo a fin de dar una imagen profesional interesante de sí mismo.

Sigel: Resultará aconsejable profundizar en determinadas propuestas que se presenten. Se debe analizar tanto la competencia en la materia, que es ya una realidad, como las ganas de alcanzar la meta. Sea como fuere, será propicio para nuevos encuentros que pueden revelarse muy interesantes.

Tyr: Se recibirán muestras de aprecio, mientras que nuevas ofertas en el terreno profesional, pondrán al interesado en el centro de atención. En cambio, para quien anda en busca de un empleo es mejor que se prepare y estudie los métodos más adecuados para entrar en el mundo del trabajo.

Man: Resulta aconsejable especializarse en el sector que más interese, para estar así en condiciones de alcanzar el éxito, imponiéndose a todos los rivales. Para quien desea desplazarse será importante la organización. No se debe dejar nada al azar.

Beorc: Nuevas ideas, nuevas posibilidades de autorrealización, nuevas perspectivas. Se debe ocupar de la literatura, aprender una lengua o profundizar en los estudios de comunicación.

Eh: La situación se escapa de las manos trayendo noticias un tanto inciertas, pero no hasta el punto de provocar serias preocupaciones. Para mejorar todo ello, es necesario mostrarse más disponible a los cambios, sobre todo de la mentalidad.

---

80. Si las runas dan un significado de lo que le interesa al hombre como el amor, el trabajo etc., ¿pueden decir algo sobre la salud?

Por supuesto que las runas pueden dar también un significado para la salud:

Feoh: El fuerte carácter "físico" inherente al significado simbólico de esta runa, podrá proporcionar también un excedente de procreatividad con las alegrías o los problemas propios del caso.

Ur: Se cree equivocadamente que se cuenta con recursos más que suficientes para arrojarse de cabeza a cualquier actividad o esfuerzo físico. Esta runa aconseja, por el contrario, tonificar el cuerpo y evitar el estrés de cualquier tipo.

Thorn: La prudencia debería guiar todos los actos y permitir aceptar por el momento esa fase de declive que lamentablemenete se deja sentir en los distintos terrenos, de modo especial en la realidad inmediata, y que por lo tanto repercute también en el plano físico.

As: Es necesario mantenerse bajo control, pues las energías del momento no deben desperdiciarse sino más bien conservarse.

Rad: No existen excesivos problemas. De todos modos, resultan aconsejables los paseos al aire libre y los ejercicios respiratorios.

Ken: La salud es buena en general, aunque resulta aconsejable seguir un tipo de vida menos estresante. Dado que un deseo de exotismo puede llevar mentalmente lejos, se aconseja, en los viajes, explorar nuevos y misteriosos lugares.

Gyfu: Este es el mejor momento para iniciar un tratamiento de curación que, mediante el movimiento, restablezca el sistema nervioso así como la agilidad muscular, atenuando dolores y tensiones.

Wyn: Aunque este es un aspecto que no preocupa demasiado, y no sin razón, no obstante, se deben tomar más horas de descanso y realizar una ligera actividad física de forma constante, de preferencia a diario. Así se fortalecerá mejor el carácter.

Hagel: A pesar de algunos problemas de no fácil solución, es necesario preocuparse más por sí mismo, y dando más valor al ritmo de vida, se conjugará del mejor modo posible la forma física y el equilibrio interior.

Is: Aunque todo el mundo quiere envejecer menos rápidamente y evitar toda enfermedad, será aconsejable controlar el propio ritmo energético, sobre todo el circadiano que regula el ciclo sueño-vigilia.

Jer: Alguna innovación a nivel emocional y determinados impulsos externos podrán ocasionar desagradables trastornos que no conviene menospreciar.

Nyd: La calma y la cautela son los mejores antídotos para mejorar la actual situación psicofísica, alejando así también el terror a las enfermedades.

Eoh: No hay nada preocupante que destacar, pero sí se dejará sentir un cierto malestar físico, teniendo como resultado un humor más bien inestable.

Peorth: Se deben liberar los sueños, porque a través de técnicas de relajación, de visualización y de elaboración cognoscitiva, podrá haber más seguridad y tranquilidad.

Othilaz: Una gran energía alimentada por un estado de inquietud y de diversas intolerancias o de rebelión comprometerá en búsquedas más bien estresantes. Un poco de reposo nunca viene mal.

Nig: Se deben liberar las tensiones que provoquen inquietud y nerviosismo. Es hora de que se lleve un modo de vida más tranquilo.

Daeg: El período será más bien tranquilo, pues se podrá cuidar del cuerpo proyectando o llevando un tipo de vida más moderado y tranquilo, o bien eligiendo productos revitalizadores o tratamientos especiales para las partes más descuidadas del cuerpo.

Lagu: Resulta aconsejable entre los muchos deportes la gimnasia acuática, que debe practicarse en el mar o en una piscina, porque es un modo divertido de llevar a cabo una actividad física sin ese afán competitivo propio de la gimnasia tradicional.

Zolh: La salud en general será buena y por eso es aconsejable saber apreciar debidamente en este período, lo útil de la distensión. Se debe acudir a balnearios, casas de campo o a simples gimnasios.

Sigel: Se descubrirá en este período la sensibilidad e irritabilidad que se tiene. Por ello, para vivir serenamente, se deben controlar las emociones, concediendo momentos de diversión y relajamiento, aunque se tenga la mente en otra cosa.

Tyr: Es necesario moverse, pues las energías acumuladas deben liberarse para lograr la recuperación del equilibrio psicofísico.

Man: Un cierto malestar físico aflojará el ritmo diario. No deben excluirse problemas de insomnio.

Beorc: No existen problemas especiales. Más aún: un exceso de energías, que irá acompañado de un cierto desasosiego, permitirá gozar de una excelente salud.

Eh: Un período de altibajos debido a una intensificación de los problemas generales influirá mucho en la salud. Es necesario no cansarse, ahorrar energías y no enojarse por una simple nimiedad.

> **81. En astrología se habla de que cada signo tiene una piedra de la suerte, ¿es posible ésto en las runas?**

De acuerdo a las antiguas creencias esotéricas cada piedra preciosa o semi-preciosa tiene un uso específico. Existe un verdadero tesoro en esta vieja ciencia concerniente al uso de las gemas para ser revelado a través de la adivinación rúnica.

Hay dos métodos que se pueden emplear por orden para saber cuál piedra preciosa es más eficaz para la personalidad o cualquier otra interpretación. El primero es muy fácil, se debe ver sólo el resultado de la runa en el lanzamiento y tomar la gema indicada por el símbolo encontrado ahí. Esto indicará la piedra que será más útil para un solo propósito. El segundo método de consulta de las runas para descubrir la piedra de la suerte para un objetivo particular, es voltear la cara de las runas hacia abajo en el paño donde las coloque, mezclarlas cuidadosamente y seleccionar una. La runa seleccionada suplirá la pregunta.

No importa si la runa sale vertical o en posición invertida. Es necesario recordar que todas las gemas se usan para algo.

82. ¿Qué piedra corresponde a cada runa?

El ágata musgo con su reglamento dual de amistades y agricultura, está bajo la runa Feoh. Esta piedra se puede encontrar con variedad de cintas de colores: la banda azul es buena para las materias del amor y la amistad; la variedad con una banda verde o parda ayuda para la agricultura y el cuidado de los animales; la banda amarilla es mejor para la gente que gana su dinero por el poder de su inteligencia más que por su poder físico.

A Ur se le ha asignado el rubí, el cual tiene la habilidad de proveer de energía extra, justo cuando se necesita.

A Thorn le corresponde el zafiro, probablemente como profiláctico.

La esmeralda está asociada con As.

Ken tiene asignada la piedra de sangre.

Gyfu está regulada por el ópalo.

A Wyn le corresponde el diamante, pequeña maravilla tan popular para los anillos de compromiso.

Hagel está asociada con el ónix.

Nyd tiene asignado el lapislázuli.

A Is le corresponde el ojo de tigre.

Jer está asociada con la cornelina.

A Eoh le pertenece el topacio.

Peorth está regulado por la aguamarina.

La piedra de Zolh es la amatista, que representa la fidelidad y el amor basado en una afinidad genuina.

Sigel tiene como piedra el rubí.

A Tyr le pertenece el coral, asociado generalmente más a Venus que a Marte.

A Beorc se le asigna la piedra de la luna.

Man está asociada con el granate.

Eh tiene como piedra el espato de Islandia.

A Lagu le corresponde la perla, al igual que a Nig.

A Daeg le pertenece el diamante o como una barata alternativa el crisolito.

Othilaz tiene como piedra el rubí.

Para la Runa Blanca está el ópalo.

83. Se habla de que a las runas se les atribuye un número, ¿es cierto esto?

Todas las runas tienen asignado un número que va del uno al nueve. La única excepción es la Runa Blanca que no se le considera propiamente parte del alfabeto rúnico. Hay veinticuatro runas y sólo nueve dígitos, es obvio que algunas runas comparten el mismo número.

84. ¿Cómo se asignaron los números a las runas de acuerdo a la numerología?

En la numerología rúnica los números del uno al siete se asignaron de acuerdo a los días de la semana, empezando por el domingo. Por lo tanto, el número 1 es equivalente al Sol (domingo); el número 2 a la Luna (lunes); el número 3 corresponde a Marte o a Tiw (martes); el 4 equivale a Mercurio o a Odín (miércoles); el número 5 equivale a Júpiter o Thor (jueves); el número 6 corresponde a Venus o Freya (viernes) y el número 7 equivale a Saturno o a las Nornas (sábado). Los números 8 y 9, los cuales no corresponden a ningún día de la semana están asignados a los lobos Skoll y Hati, que constantemente persiguen al Sol y a la Luna a través de los cielos, para devorarlos y así terminar con la presente era.

85. ¿Qué número se le ha asignado a cada runa?

 Sigel y a Daeg les corresponde el número 1.

A Beorc y a Lagu se les asigna el número 2.

Las runas Ur, Ken, Peorth y Tyr están reguladas por el número 3.

As, Rad, Jer y Eh tienen dominio sobre el número 4.

A Eoh le corresponde el número 5.

Feoh, Gyfu, Wyn y Nig, las runas de Venus, tienen el número 6.

Nyd y Othilaz tienen asignado el número 7.

A Hagel y a Man les corresponde el número 8.

Is y Zolh tienen dominio sobre el número 9.

86. ¿De qué sirve conocer los números de cada runa?

Los números son usados en la tirada de las runas para dar al adivino alguna idea de cuándo una predicción es posible que suceda. Permite imaginar lo que puede suceder en el futuro, aunque es posible que lo predicho para un tiempo varíe un poco.

---

87. Se habla de que las runas las iban adoptando los pueblos de distintas lenguas y las alteraban de acuerdo a sus necesidades. ¿Es cierto esto?

Cada pueblo, según sus creencias iba adoptando y modificando las runas, según les conviniera. Por ejemplo, cuando las runas viajaron a Inglaterra con los anglosajones, aumentaron a un número de veintiocho. Hay grupos paganos que usaban las veintiocho runas o treinta y tres, añadidas del alfabeto anglosajón llamado futhorc por haberse alterado la pronunciación de las seis primeras letras.

La segunda ampliación, después de las veintiocho mencionadas, es tardía y probablemente se realizó en el siglo IX y se redujo a la zona de Norteumbría. Se puede decir muy poco sobre estas últimas runas. Su uso carece de tradición y su significado mágico es profundo.

88. ¿Cuáles son las runas añadidas a las originales?

RUNA	SIGNIFICADO
AC	Roble
AESC	Fresno

YR	**Silla de montar**	
EAR	**Tierra**	
IOR	**Anfibio**	
CALC	**Copa**	
GAR	**Lanza**	
CWEORD	**Desconocido**	
STAN	**Piedra**	

89. ¿Cómo es la runa AC?

Representa al roble, un árbol común en los bosques ingleses. El roble se relaciona con el mito de Balder y el muérdago, que es una planta parásita que crece en los robles. Del roble, el cuerpo asesinado y quemado de Balder, surge el muérdago, el espíritu renovado del dios.

90. ¿Qué características tiene la runa AESC?

No se debe confundir con la runa As, que en el alfabeto anglosajón toma forma parecida.

Esta runa representa un fresno, cuyo ejemplar más famoso es el *Yggdrásill,* el árbol del mundo. El fresno se usaba para fabricar armas, sobre todo mástiles de lanza. La lanza era el arma principal en las tribus germánicas y es probable que tuviera para los anglosajones asociaciones mágicas.

91. ¿Cómo es la runa YR?

Esta runa normalmente se traduce como arco, aunque esta traducción sea poco satisfactoria. El término silla de montar es el resultado de la contracción del arco de la silla de montar hecha con madera de tejo.

92. ¿Qué significa la runa EAR?

El significado general de EAR, la última runa de la primera ampliación del *futhorc* anglosajón, es tierra, pero se usa en un sentido tan restringido que se ha llegado a traducir como tumba y casa de los muertos, e incluso como el final.

El tipo de tierra que aquí se da a entender no es exclusivamente la tumba sino también la carne del cuerpo que se descompone.

93. ¿Qué caracteriza a la runa IOR?

Esta runa se ha traducido como anguila, tritón, serpiente e incluso como mar. Ninguno de ellos es enteramente satisfactorio. No se puede deducir un significado suficientemente certero puesto que el contexto en que aparece es demasiado ambiguo. Quizá IOR se refiera a algún tipo de planta acuática, o rana, e incluso un ave acuática.

94. ¿Qué representa la runa CALC?

Puede significar cáliz o copa. Tampoco hay claridad en el significado de esta runa. Sin embargo, la opción más adecuada con fines mágicos es la de copa, pues es fuerte y evocadora.

95. ¿Qué simboliza la runa GAR?

En esta runa está más claro el significado. Siempre se ha tratado la lanza como arma germana. La gran lanza de las leyendas teutónicas era Gungnir, la lanza del dios Odín, de la que ningún blanco escapaba. Había sido fundida por los enanos y era emblema de percepción perspicaz y resaltaba la implacable voluntad de su poseedor.

96. ¿Qué características tiene la runa CWEORD?

Como el significado de esta runa es lo desconocido, algunos estudiosos han sugerido que carece de significación; sería un mero sonido como las letras del inglés moderno.

97. ¿Cómo es la runa STAN?

Esta runa se consideraba la piedra en tiempos prehistóricos, como una sustancia viva en la que moraban los espíritus.

Cuando se erigían los altares se utilizaba una piedra natural, es decir, sin haber sido labrada con martillo y cincel. En tiempos históricos las rocas se convertían en monumentos en los que se grababan runas con la finalidad de dejar impreso un testimonio.

---

98. Se dice que existen cuentos sobre el ciclo del Rey Arturo que se relaciona con las runas. ¿Es cierto esto?

Se han encontrado una colección de cuentos concernientes al "Rey Arturo y a los Caballeros de la Mesa Redonda". Cada una de las runas corresponde a una persona o incidente en la Muerte del Rey Arturo. No es necesario conocer a fondo esta leyenda para identificar a los personajes, basta con saber poco al respecto.

99. ¿Qué relación tiene cada runa con la leyenda del Rey Arturo?

RUNA	RELACION CON LA LEYENDA
FEOH	Amor de uno al otro
UR	Todas las cosas que deben pasar
THORN	Fe en el Supremo Poder
AS	Merlín
RAD	Lancelot
KEN	Rey Arturo
GYFU	Guiniver
WYN	El Grial
HAGEL	Morgana le Fey
NYD	El Rey Pescador

IS	La empuñadura de Excalibur
JER	Karma
EOH	La búsqueda del Grial
PEORTH	El Sitio Peligroso
ZOLH	Galahad
SIGEL	La Mesa Redonda
TYR	Excalibur
BEORC	Elaine de Astolat
EH	La interdependencia de todas las especies; el caballo
MAN	La caballería ideal
LAGU	La Dama del Lago
NIG	El carácter del Rey Pescador y el florecimiento del yermo
DAEG	Gawain
OTHILAZ	Camelot

100. ¿Es posible hacer amuletos y talismanes con las runas?

Las runas pueden ser usadas en objetos de mucha importancia para hacerlos tanto amuletos como talismanes. En estos casos, gran parte de la fuerza proviene de las runas, parte de la forma, del objeto, y parte, del material del cual está hecho. Se pueden hacer amuletos rúnicos permanentes, tatuando varias partes del cuerpo.

Los talismanes también se pueden hacer pintando las runas sobre pan, usando algún alimento que sirva de tinte natural, después se debe comer para hacer real su poder.

Se pueden combinar las runas en los talismanes con otros símbolos mágicos. Son especialmente útiles los signos del Zodíaco, de los elementos y la Geomancia.

Todo el que intente practicar la magia rúnica, debe fabricar un amuleto o talismán para su protección personal.

BIBLIOGRAFÍA

AITOR, Michel. *Magia y poder de las runas.* Ediciones Karma. Barcelona S/F. 144 pp.

CECIL, Lawrence. *El oráculo de las runas.* Grupo Editorial Tomo, S.A. de C.V. México, 1998. 153 pp.

JUNCAL Lemus, María José. *Runas (el portal mágico de las runas). C.S.* Ediciones. Buenos Aires, 1991. 159 pp.

NOSENZO Spagnolo, Fernanda. *Adivinación por las runas.* Ediciones Martínez Roca S.A. Barcelona. 1998. 125 pp.

STEFFEN, Kevin. *Runic States. (The shamanic perception of quantum realities).* Eschaton Productions INC. Chicago, 1995. 178 pp.

TYSON, Donald. *Las runas y su magia.* Editorial MIRACH; S:A: Madrid, 1991, 235 pp.

WILLIS, Tony. *The runic workbook (Understanding and Using the power of Runes).* Sterling Publishing Co. INC: New York, 1986. 187 pp.

TÍTULOS DE ESTA COLECCIÓN

El Aura. 100 Preguntas y Respuestas. *Antología*

El Secreto de la Felicidad, el Éxito y la Abundancia. *M. A. Garibay*

Guía Metafísica para Ser Feliz. *Antología*

Oraciones Silenciosas. *Antología*

Visualización Creadora. *Anthony Day*

Cristales y Cuarzos. El Poder Sanador del Nuevo Milenio. *Tate Selarom*

Metafísica para la Vida Diaria. *Antología*

Cosas del Amor. *Guadalupe Velázquez M.*

Runas. 100 Preguntas y Respuestas. *Antología*

Impreso en Offset Libra

Francisco I. Madero 31

San Miguel Iztacalco,

México, D.F.